# Do Bella agus Ella

Tugann Oxfam aitheantas do na grianghrafadóirí seo a leanas agus gabhann buíochas leo:
Annie Bungeroth (lgh 5 agus 24-25), Howard Davies (lgh 16-17), Richard Davis (lgh 14-15),
Ami Vitale (lgh 26-27), Tim Dirven (lgh 18-19), Julio Etchart (lgh 8-9), Mark Henley (lgh 12-13),
Crispin Hughes (lgh 6-7 agus an clúdach cúil), Shailan Parker (lgh 20-21 agus an clúdach),
Caroline Penn (lgh 10-11) agus Karen Robinson (lgh 22-23).

Frances Lincoln Teo a chéadfhoilsigh faoin teideal *Homes* in 2006
An Leagan Béarla © Frances Lincoln, 2006
Téacs © Kate Petty, 2006
Grianghraif © Oxfam Activities Teo agus na grianghrafadóirí ainmnithe thuas, 2006 seachas
lgh 10-11 © Caroline Penn – Panos Pictures,
lgh 12-13 © Mark Henley – Panos Pictures
lgh 14-15 © Richard Davis
lgh 18-19 © Tim Dirven – Panos Pictures
lgh 22-23 © Karen Robinson – Panos Pictures
agus lgh 26-27 © Ami Vitale – Panos Pictures

An Leagan Gaeilge © Foras na Gaeilge, 2006

ISBN 1-85791-626-3

Arna chlóbhualadh sa tSín

*Ar fáil ar an bpost uathu seo*:

An Siopa Leabhar,          *nó*     An Ceathrú Póilí,
6 Sráid Fhearchair,                 Cultúrlann Mac Adam-Ó Fiaich,
Baile Átha Cliath 2.                216 Bóthar na bhFál,
*ansiopaleabhar@eircom.net*         Béal Feirste BT12 6AH.
                                    *leabhair@an4poili.com*

*Orduithe ó leabhardhíoltóirí chuig*:
Áis,
31 Sráid na bhFíníní,
Baile Átha Cliath 2.
*eolas@forasnagaeilge.ie*

**An Gúm, 24-27 Sráid Fhreidric Thuaidh, Baile Átha Cliath 1**

# Sa Bhaile

## Kate Petty

Seosamh Ó Murchú a rinne an leagan Gaeilge

 AN GÚM   i gcomhar le    Oxfam

In Uganda atá cónaí ar Aluka. Tá sconsa de chliatha adhmaid timpeall ar a áit chónaithe. Tá scata gaolta leis ina gcónaí ann freisin.

Seachain do cheann agus tú ag teacht isteach!

Seo í Cidinha lasmuigh dá teach fada sa Bhrasaíl. Teach dóibe atá ann agus fráma adhmaid air. Ligeann na fuinneoga beaga aer úr tríd an teach nuair a bhíonn an aimsir an-te.

Tá an pháirc peile in aice le mo theach.

Sa Chiorcal Artach in Alasca a chónaíonn Sara. Is cuid de Stáit Aontaithe Mheiriceá é Alasca. Bíonn an-chuid sneachta ann. Ach bíonn teach Sara te teolaí.

Ní bhíonn le feiceáil ach sneachta!

I mbéal na carraige atá teach Xin suite! B'éigean slí don teach a ghearradh amach as an gcnoc. I gcúige Shanaxi sa tSín atá cónaí uirthi.

Ní fhéadfadh an mac tíre mo theachsa a leagan!

I mbloc árasán i Londain Shasana atá cónaí ar Victoria. Tá a gcloigín féin ag gach teaghlach chun a gcuid cuairteoirí a ligean isteach.

Is maith liom nóiníní a phiocadh.

Seo í Chanthong in éineacht
lena Mamaí agus lena deirfiúr.
Sa Chambóid atá cónaí orthu.
Ar chosa adhmaid atá a dteach
tógtha. Duilleoga pailme atá
ar an díon.

Ní bhíonn
an teach seo
againne faoi
uisce riamh.

Tá breis is tríocha réinfhia ag muintir Kari. Tugann na réinfhianna feoil agus bainne dóibh. Tá siad ag cur fúthu i bpáirc náisiúnta in aice le Loch Khovsgol sa Mhongóil.

Ní éalóidh na réinfhianna seo!

Seomra amháin de chuid mhuintir Bharmal atá sa tigín seo. Tá seomraí eile thart ar an mballa. In Rajasthan san India atá cónaí orthu.

Ní thiteann an bháisteach anseo ach uair nó dhó sa bhliain.

Sa charabhán a chónaíonn Yanni agus a chlann go léir. Na capaill a tharraingíonn ó áit go háit iad. Bíonn teaghlaigh Romacha ag taisteal na tíre i dteannta a chéile sa Rómáin.

Mair a chapaill agus gheobhair féar!

Is ón bPacastáin iad Malek, Bulbabur agus Gasbano. As craobhacha crainn agus iad clúdaithe le láib atá balla a gcuid tithe déanta.

Is maith linn dul thart cosnochta.

Tá camall Fatimata ag fanacht go foighneach lasmuigh dá teach dóibe. Tá an-chuid tithe mar seo le feiceáil sa Mháratáin.

Is breá le mo chamall an teas. Is fearr liomsa an scáth.

Alasca, SAM

Sasana

An Mháratáin

An Bhrasaíl

An
Mhongóil

An Rómáin

An Phacastáin

An tSín

An India

An
Chambóid

Uganda

Údar agus eagarthóir leabhar do leanaí í **KATE PETTY**.
Is iomaí leabhar pictiúir scríofa aici,
ina measc *Made With Love* (Macmillan)
agus *The Nightspinners* (Orion).
Is í an t-eagarthóir coimisiúnaithe í faoi láthair
ar thionscadal Eden, ionad bithéagsúlachta
Chorn na Breataine.